华章心理

打开心理学·透视你自己

大众心理读物

美好生活

| 经典图鉴 |

生活中的植物
你所不知的植物秘密
贴近生活

森林梦
放松身心的自然疗愈
时光一样！

胆固醇，其实你误会它了
Cholesterol Clarity

运动使我，成为更好的人

小家越住越大
小家是你生活、工作、爱意、休憩的地方，容人共舞

生活在家里
吃蔬菜、做咖啡你在安乐椅

十分钟冥想

[美] 安迪·普迪科姆 著
王俊兰 王安立 译

书名：《迷茫的青年人门书
《纽约》杂志推荐，实用瑜伽建议和

森林作眠
让你摆脱压力和焦虑的居家小森林

[德] 约尔格·福尔布林 著
吴鸿 译

现代人的森林疗愈，在方和静谧，是自然的之所在未来，北欧工程师 30 多年专注室内办公家室研究，帮你向植物们发出八家呼，把在每一天的居家生活中营造中等目标

谷物大脑完全生活计划

[美] 戴维·珀尔马特
克里斯汀·洛伯格 著
陶煜 译

超级畅销书《谷物大脑》作者新书
通过本完整的健康生活重塑所有忠告，帮助在新使用方法开头末端，等您甲您您未来

如何睡个不做梦
以色列医学院教授睡眠指导

[美] 劳伦斯·J·爱泼斯坦
史蒂文·马顿 著
杜冠华 译

从夜晚 30 年的睡眠医学专家，带你从人生中 1/3 的时间安稳度过；实用人士的睡眠技巧解决，家里对你的安稳睡眠有好处，却没意思意思等方法，睡不着等

好书新知

大脑是什么来头
[美] 阿瑟·扎荣茨 著
周佳 译

关于时间问题的探讨从古至今，始终没有标准答案。心理学、哲学、宗教、文物理，生物学等跨学科，打开你对世界新的认知。

思维转变
关于图像、游戏、媒介、身份与思维认知

[美] 凯瑟·格林菲尔德 著
张璐 译

当一些思想被接到了大脑的形状时，思维就被改变了，人类的思维和潜在种种被塑造、改造，人的思想和理解，能不同出新的形式，网络、电子书、科学手机，也许使我们的能进起来对世界有所反思力与认知产生未有的改变。

| 致电图读 |

理性
如何逻辑性地思考

理性与本能
（原书第14版）
社会心理学

理性与本能
大脑的奇妙平衡术

自控力
建立于良好习惯的根基

我脑我塑造
心有能做到的事
与医家

理性之镜
从神经科学到社会归宿
政策

重新认识脑
从神经科学到意识质料的探索

[美] 安东尼奥·达马西奥 著
李婷燕 译

意识到底从何而来？在意识背后的又是怎么发生来的？意识是什么？情绪如何与意识产生关系？情感怎么塑造我们的身份认同？为什么人有感知存在，我们所生活的意识究竟从何而来、有何意义、将何去何从，有待我们去进一步思考、探索和发现。

进击的心灵
优化你的思维行为方式的
思维新知

赖利诺 王若琪 著

坏情绪、焦虑和拖延一种令人烦恼的心理现象，你的思维需要新的认知方式，才能最其有愿于你。

经典畅销书

刻意练习
如何从新手到大师

[美] 安德斯·艾利克森
罗伯特·普尔 著
王正林 译

● 成为任何领域杰出人物的底层方法论

学会提问
（原书第 11 版）

[美] 尼尔·布朗
斯图尔特·基利 著
吴礼敬 译

● 批判性思维领域"圣经"

学习之道

[美] 芭芭拉·奥克利 著
教育无边界字幕组 译

● 全球中小学必读名著 100 本，MOOC 上最受欢迎的学习课

父母的语言
3000 万词汇塑造更强大的学习型大脑

[美] 丹娜·萨斯金德
贝丝·萨斯金德
莱斯利·勒万特-萨斯金德 著
任忆 译

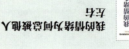

● 父母语言是最廉价的教育资源

目标感
如何帮孩子找到影响孩子一生的目标

[美] 威廉·戴蒙 著
续芹 译

● 当代父母必须关注的孩子一生的事件

母爱的羁绊

[美] 卡瑞尔·麦克布莱德 著
于玲娜 译

● 重塑母女关系，走出"母爱的羁绊"

我的情绪为何总被他人左右

[美] 阿尔伯特·埃利斯
阿瑟·兰格 著
张蕾芳 译

● 理情情绪行为疗法之父阿尔伯特所著

红书

[瑞士] 荣格 原著
[美] 索努·沙姆达萨尼 编辑
周党伟 译

● 心理学大师荣格核心之作，国内首次授权

教育教养

像亿万富翁一样思考
教你像亿万富翁TRICK一样成长
解密版

[美]以斯帖·沃西基 著
姜帆 译

"硅谷最有名的妈妈"，她的教养哲学帮助更多父母。

推荐的TRICK教养法

学会提问的孩子
教孩子提出好问题，走向目标

[美]丹·罗特斯坦、鲁兹·桑塔纳 著
张悦、胡雅珂、张琳 译

为什么我们需要孩子们好的问题及其重要？
此书心理学家对孩子的目的的探讨分析，
教导孩子在提问、辨力和解决三方面的心理活动
素质，帮助自身的资源来源回归。

聪明却杂乱无章的孩子
利用"执行技能训练"，提高孩子学习能力和专注力

[美]佩格·道森、理查德·奎尔 著
王正林 译

4—13岁父母必备
专家畅销书 40 万册
长居 Amazon 教养类畅销榜；美国芝加哥公立
家长委员会极家语言主任推荐

养育有天分聪明的孩子

[美]爱伦·温纳 著
彭文、汪凯、克丽斯蒂娜·M.米娜、李素娟 译

• 中国南京市力儿教养方式——"盗宠儿童方式"
谁是十种家长等的教养法及以 30 年长远观察实践，
提供记录高。上千家庭家庭实有实录
教师父母与孩子可以之素养老养成人的亲密关系。

经典图书

培养你会不重要的孩子 / 好孩子有情商 / AGE / 0—6岁儿童情感 / 读懂孩子 / 最家用儿童心理学

独立人生

内在动机
自主掌控人生的力量
[美] 爱德华·L.德西 等 著
王正林 译

如何正确地激发生活和学习、工作和玩乐的动机？你是否发现自己有时不够自信，甚至会害怕尝试新的挑战，有时甚至会觉得自己的生活被他人掌控？别担心，这本书正是为你而来。

假如我是正比：
能在挫折面前蓬勃生长的工作和生活

[美] 肖恩·埃克尔 著
朱雪娇 译

我乐观、但我还要更积极主动地进行积极主动的思考；我乐观，但我还要掌握更有效的工具。"假如我是正比",无论你的事情是好是坏，你都可以说我为自己带来变化。

成为更好的自己
你值得为自己努力争取的 30 种事

伊娃 著

北京师范大学心理学博士伊娃新作。30 年来，伊娃一直在探索自我的道路上跋涉。她尝试了无数种人生角色，踏着雜誌編輯的人格，踏入光芒的世界，成为自己的书，我们把它带给你，带到美好未来。

深度转变
让改变真正发生的 7 种语言

[美] 罗伯特·凯根
丽萨·拉斯考·莱希 著
吴瑞林 等译

为什么大家都知道改变之难？以使抽意力是不如理学和心理学的交叉学科？作者基于几十年研究与实践，为你揭示了改变如此之难的原因，继而帮助你重塑心智模式。无论你心里重要的改变，还是推荐人

| 悦电图鉴 |

推荐阅读

勇敢追寻自己的亲密关系
[美] 史丹·塔特金 著

每段且亲密关系的人都之不易，尤其是40多个国家。爱自己，爱这份亲密关系，51招练习每周推出，帮你每天练习，一点一滴学习，一天比一天爱自己。

不被父母控制的人生
如何基本点走出，重获新生的幸福？
[美] 琳赛·吉布森 著

让你的孩子拥有一个自己说了算的人生，不做不成熟的父母，帮你走出有毒的原生家庭困扰，重获久违的幸福感。

社交恐惧症
王宇 著

社交恐惧症——3000万人的社交困扰，到底是什么原因？如何摆脱社交恐惧困扰？心理咨询师手把手教你发现与解开心结，带你走出深渊，彻底摆脱焦虑，拥抱更美好的自己。

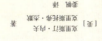

如何停止胡思乱想
自我疗愈的八大正念技巧（原书第2版）
[美] 科尔克·D.斯特罗萨尔 帕特里夏·J.鲁滨逊 著

你在与你的胡思乱想作斗争吗？本书为你提供基于接纳与承诺疗法（ACT）、正念、冥想、瑜伽等多种疗法的练习，帮你在繁重烦扰的身心重获自由，教你以轻松活泼的方式重新获得你的人生。美国行为和认知疗法协会推荐图书

经典图书

老用事件情感密码
如何与伴侣、父母和孩子建立深厚关系

在远方，看见自己

羞耻感

拥抱你的敏感情绪
打破情绪惯性，拥抱自我

抱持的力量
如何获得亲密，稳定的关系

拥抱你的内在小孩（珍藏版）

高效学习 & 高效阅读

学会如何学习

[美]芭芭拉·奥克利
[美]特伦斯·谢诺夫斯基、阿利斯泰尔·麦康维尔 著
汪幼枫 译

这才是孩子学习的一本好书
基于《学习之道》中最有效的研究成果，针对学生在学校用大脑、高效学习、出考场发挥等，随书赠能量卡包

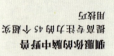

我的性商（原书第 12 版）

[美]布鲁斯·金、帕梅拉·雷根 著
童晨露、杨凡 译

值得在大学生性教育培训课使用的书。已更新至 12 版，教你如何正确面对与欣赏"21 种性能量意识"，尊重彼此性别、性取向、性欲的能量表达以及表达之美

如何达成目标

[美]海蒂·格兰特·霍尔沃森 著
王正林 译

我怎么才能完成这些事，如何达成目标？
根据来自 8 个国家、1 8 项手把手教你 自我激励、提升自制力，按部就班实现目标

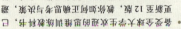

刻意专注：
调控你的大脑中最强的 45 个诀窍

[日]铃木祐 著
孙颖 译

如果你正被拖延之乏力、学习工作效率低所困扰，请正因为你的大脑可能被一只"顽皮猴"掌控。一本书告诉你"驯猴指南"，45 个诀窍用方法，唤醒你沉睡的专注力

| 经典图书 |

涌入人流
你每天都生活中的
100 个秘诀

留住灵感
左右脑要素有效的
75 个超级思维技术

思考的艺术

提问的工具
（原书第 11 版）

思考的艺术
（原书第 3 版）

行动手册
应该为新确定你的计划

打开心世界·遇见新自己
HZBOOKS PSYCHOLOGY

华章心理

你的职场
敏感度有多少

壹心理 编著

机械工业出版社
China Machine Press

图书在版编目（CIP）数据

你的职场敏感度有多少 / 壹心理编著. -- 北京：机械工业出版社，2022.1
ISBN 978-7-111-37397-1

I. ①你⋯ Ⅱ. ①壹⋯ Ⅲ. ①职业选择 - 通俗读物 Ⅳ. ①C913.2-49

中国版本图书馆CIP数据核字（2022）第009748号

壹心理是国内专业的心理学服务平台，本书精选壹心理"人生答疑馆"社区中关于"职场进阶"大家普遍关心的重要问题，由专业的心理学答主为读者正面解读种种疑惑，为迷茫的你打开一扇门，帮你在职场这个人生第二个舞台和战场上，减少烦恼，不断进阶，成功地将职业与自己的兴趣和生命发展相结合。

你的职场敏感度有多少

出版发行：	机械工业出版社（北京市西城区百万庄大街22号　邮政编码：100037）
责任编辑：	李欣玮
责任校对：	殷　虹
印　　刷：	三河市宏图印务有限公司
版　　次：	2022年1月第1版第1次印刷
开　　本：	130mm×185mm　1/32
印　　张：	3.25
书　　号：	ISBN 978-7-111-37397-1
定　　价：	39.00元

客服电话：（010）88361066　88379833　68326294　　投稿热线：（010）88379007
华章网站：www.hzbook.com　　　　　　　　　　　　　读者信箱：hzjg@hzbook.com

版权所有·侵权必究
封底无防伪标均为盗版　　本书法律顾问：北京大成律师事务所　韩光 / 邹晓东

序言　写给最亲爱的你

2017年，我从原单位辞职，出来做心理咨询师，当时身边的人都反对我的决定，不约而同地说我太过草率，放弃了一份稳定的工作。如今几年过去，我逐渐在心理咨询行业站稳脚跟，当初持反对意见的人态度有了180度的大转弯，纷纷称赞我的想法有远见。前后截然不同的看法，让我感慨万千。回忆当年的那段经历，确实很苦，自己身患多囊肾这一遗传疾病，无法支撑高强度的工作，遇到出差或者熬夜加班，都会觉得体力不济，有段时间甚至在工作时昏倒了，这让我不得不思考自己未来的职场定位。职场是人生的舞台，是人一生中重要的部分，迷茫、快乐、痛苦、成功，都深深地影响着我们。

一次偶然的机会，我认识了壹心理答疑馆的编辑，在这个平台，我看到了许多深受职场困扰的人。通过他们的疑问，我了解了现在的年轻人对于职场的看法。在当今社会，年轻人不缺乏奋斗的激情，也很投入，对于工作也很热情，但是缺少逐步沉淀、慢慢积累的耐心。社会发展太快，大家都在跑，都在追赶，似乎慢一点就觉得自己落后了。于是不少人稍有挫折便选择放弃，换工作，重新开始。在不断变动中，丢失了职场长远发展所需的积淀。

为此我答应了编辑的请求，和其他专业人士一起，在这个平台进行答疑，希望通过这种方式，给予新人更多帮助，比如一个人如何不断成长，以在职场中生存，如何做好自己，如何处理职场关系，等等。这些问题看似普通，却对一个人的职业发展有着重要影响。

借此机会，我也认识了不少优秀的答主，他们用自己的睿智和职场经验，给许多初入职场的年轻人带来了很大启示。大家用优美的文笔，深入浅出地总结出许多具有指导性的观点和职场规律，这是一笔宝贵的财富。在这个平台上，我感受到了大家的诚意和热情，我自己也在学习，获得成长。相比于课本里的理论知识，答疑馆的专业人士的职场经验更具生活智慧。如果说"书中自有黄金屋"，那么答疑馆就是一个巨大的社会宝藏，当我们不够优秀、觉得迷茫的时候，可以从前辈们身上获取我们想要的东西,通过学习,变得优秀一些,直至达成我们心中的职场目标。

每个人在职场都十分不易,总有加不完的班和熬不完的夜,工作压力有时会让你忽略自己内心的声音。当有一天你不再因为工作压力而过于烦恼焦虑,能够适当地将重心放到自己的初心上时,职场才会让你感觉幸福。

二级心理咨询师
人力资源管理师
腾讯问答专栏作者
王明灿

写在前面

如果给你机会,让你的生命重启,重新成长一次,会怎样呢?

小时候,我们踮脚眺望长大后的自己;长大后,我们频频回望那段年少时光,而心中那个令我们疑惑已久的答案,总是在我们回顾过去、参照别人的经历时出现……

阿德勒说:"在人生这条路上,有人走在前方,就有人落后,有人走得快,就有人走得慢。但这并不代表我们必须通过竞争达到目的。或快或慢,该往哪儿去,都是个人选择,不该由输赢去印证自己的向上。我们真正该拥有的是'往前'的力量。"

人生答疑馆线上社区精选了人生中真实且重要的几十个问题及其回答,希望能一直陪伴着你,可以随时随地为不同时期和经历中的你提供一些参考建议。

人生无非是，苦来了，我安顿好了。

人生答疑馆把人生之苦划分为不同的主题，包括负面情绪、青春成长、职场进阶、原生家庭，再匹配对应的提问，安排优质解答。

在问答中，你不仅能体验专业心理咨询，还能加入相关话题圈子，与有相同经历的人进行实时的交流讨论，产生更深层的思想碰撞。

或许看完本书的你，能获得关于这个复杂人生的新认知和新感触。

目录

序言 写给最亲爱的你
写在前面

第1章 初入职场：新人焦虑

01 有没有工作真的很重要吗 _002
02 大学毕业后，如何确定自己喜欢什么工作 _006
03 内向、自卑的人适合从事什么职业 _009
04 害怕面试，如何应对 _013
05 刚毕业时找工作，什么因素是最重要的 _017

第2章 你的职场敏感度有多少

06 认真完成工作后,功劳总被别人抢走怎么办 _ 024
07 性格内向不合群,和同事相处不好怎么办 _ 028
08 被领导各种挑剔,如何面对职场欺凌 _ 033
09 适应不了两面三刀的职场人际关系怎么办 _ 037

第3章 如何逃离工作压力的五指山

10 工作加班加点,感觉自己很抑郁怎么办 _ 044
11 怕过不了试用期,如何面对工作压力 _ 048
12 工作压力大,很焦虑怎么办 _ 054
13 害怕领导发脾气,是我太脆弱吗 _ 059

第4章 辞职：任性还是成熟

14 裸辞真的是一件不能接受的事情吗 _066
15 每次工作两个月后就想辞职，这是怎么回事 _071
16 天天加班，怎么平衡工作和生活 _076

第5章 互动进阶时间

· 职业性格测评 _082
· 焦虑博物馆分馆 _083

附录

回答这九个问题，
就能知道自己是谁 _085

第 1 章

初入职场：新人焦虑

01 / 有没有工作真的很重要吗

我今年25岁,男,患有精神问题,因此服药八年。整整有八年的时间,我不是住院就是宅在家,工作的时间很短。前些日子我希望通过边吃药边工作的方式改变自己,等到真的找到工作了我又很紧张,结果是只做了两天我就放弃了。很难描述自己工作时的情绪体验,我首先想到的是"万事开头难"和"贵在坚持",明明能理解这两个道理,最后还是败给了安逸。几乎跟过去一样,进厂子工作时我总有一种不太愉悦的感觉,所以我再次放弃了眼前这份工作。

> 回到家，我也会想父母能支撑我到什么时候。现在我依旧像去年一样宅在家，觉得自己不配拥有爱情，想必今年又是在家消沉的一年。我是不是应该住院治疗？什么状态才更适合工作呢？难道25岁还啃老做寄生虫吗？我真的对一切都感到很迷茫，总是多虑、胡思乱想，害怕见人，经常紧张，我接下来的路该怎么走？

💡 张仁军（1星精华答主㊀）

有工作和没工作，当然是非常不一样的，对一个患有精神疾病的患者来说，更是截然不同。

㊀ 答主头衔。人生答疑馆根据答主在社区的回答数／优质回答数设置相应头衔，根据头衔等级从低到高排列为：1星、2星、3星、4星、5星优质答主；1星、2星、3星、4星、5星精华答主；1星、2星、3星、4星、5星荣誉答主。答主头衔等级越高，获得的福利越多，权限越大。

1. 有工作。工作可以使人在工作的过程中注意力集中，不容易受到外界环境的影响，同时可以让自己的身心高度配合，达到身心合一的巅峰状态。这有助于人们的血液循环和能量循环，促进身体新陈代谢，增强身体抵抗力。你也可以体验集中精力工作带来的充实、愉悦。对于一个患有精神疾病的人来说，最好的治疗方式就是让身心动起来，以改善精神状态。

2. 没工作。如果没有工作，无所事事，什么都不做，身体就会处于静止状态，思想无法专注，就像天空的云彩，一下子飘到这里，一下子飘到那里，不受控制。身心严重失调会让你患得患失，焦虑，烦躁，不安，情绪和精神也就容易受到影响。对于一个患有精神疾病的人来说，什么都不做，身心失调，只会加重病情。

💡 狮子座女生（1星优质答主）

为什么有很多人不喜欢工作也要去工作呢？为的是过上自己想过的生活，又或者是脱离自己不想过的生活。我也在家待业过一段时间，那段时间我情绪特别不好，跟家人说过，但是他们并不懂，隔一段时间就会唠叨我，说我不工作，待在家里无所事事。当时的我大多数时间都在打游戏，也在游戏上赚一点零花钱，所以基本没跟家里拿过钱。

当时我很迷茫，我不知道该找什么样的工作，之前做了几年的工作好像并没有特别喜欢，重新找工作也不知道往哪方面发展，前途可以说是一片黑暗。我一直想找可以不去公司上班但能挣钱的工作，因为我不太喜欢与人相处，我无法适应那种人前人后两副面孔的虚伪嘴脸。就这样，我一直处于焦虑的状态，没工作，也没有去学习增值。岁月不饶人，你不进步但是别人在进步，整个世界在进步，优胜劣汰，是这个社会的生存法则。

你一直认为精神疾病是你生活、工作的障碍，但是你没有意识到你本身的问题所在。你内心很想改变，但行动一直没变，即使有改变的机会，你也会以这样或那样的借口推脱，所以你的生活八年如一日。

每个人都想做自己喜欢的事，过自己想过的生活，但是你有没有想过，你是否具备这样的能力？能力不是凭空想象就能有的，你有没有为你想要的全力以赴，竭尽所能地去付出、去努力呢？如果没有，那你就没有资格得到那些你想要的。你可以选择继续过这样的生活，也可以选择去行动，去改变，不管前面的路有多艰难，不管努力的结果如何。

02 / 大学毕业后,如何确定自己喜欢什么工作

> 23岁,大学毕业一年。不明白自己喜欢什么工作,知道自己应该在一个行业扎根,却又不知道能不能坚持下去。迷茫,惶恐,前途充满不确定,因在职场受到挫折而不敢向前走,总想睡觉,2个月内有3次职业空白期。对什么都没兴趣,时而自信,时而迷茫。

💡 **赵越**(国家二级心理咨询师,4星优质答主)

面对职场,人们通常会有两个问题:一是不喜欢自己的职

业，不知道该怎么选择；二是不知道怎么处理人际关系。

第一个问题常常会使我们情绪低落，因为从来没有人告诉过我们要怎样应对这种事情，所以我能理解你现在的感受。我们有一种思维惯性——稳定即安全，好像喜欢做一份工作就要坚持到地老天荒。我见过一些人，转行过几次，事实证明他们以往的经验能够应用到下一份工作中。一下子就找准自己的终身职业的可能性不是没有，但也只是可能，而非一定。

第二个问题是处理职场人际关系，这是一个很大的话题，需要针对具体问题来讨论。需要明确的是，在职场中，我们是去工作的，而不是去交朋友的，我们不可能让所有人都满意。从这个角度去思考，你会发现，让自己变得更自信是一个好方法。

赵军（国家二级心理咨询师，1星精华答主）

其实大多数人都不知道自己喜欢什么，并且很少有人一开始就喜欢工作。在工作的过程中，我们会投入精力、时间等，随着自己的能力得到提高，人际关系网逐渐建立，渐渐地，我们对工作有了一定程度的喜欢。很多人都把这个顺序搞反了，认为自己应该先找一份自己喜欢的工作。这样往往很盲目，并且即使你找到的真的是你喜欢的工作，你的工作也不一定就能非常顺利，包括人际关系的处理。

你需要调整自己的心态和目前的状态，这能帮你更好地适应新的环境和新的生活。

💡 Page B（1星精华答主）

在拥有目标和激情之前，需要先拥有勇气。没有勇气去"做梦"的人，自然没有目标和方向。所以，重要的是先弄明白自己为什么没有勇气，为什么不相信自己，为什么不能正确看待自己，为什么自卑……可能有很多原因，越早发现它，修复它，你离自己的梦想就越近。

03

内向、自卑的人适合从事什么职业

对于未来很迷茫,尝试找过一份工作。在求职过程中心情会变得非常不好,很焦虑。那个工作不是自己喜欢的,但又怕错过这个工作机会后找不到更好的。

一直在纠结,工作吧,自己不愿意每天不情愿地去上班,不工作又怕父母失望,日常开销也是问题,不好意思向家里要钱。我性格内向,不会与人交流,抵触接触陌生人、陌生环境,很自卑,总觉得自己哪哪都不好,什么也不会,最近还变得很爱哭。

李还胜（国家二级心理咨询师，1星优质答主）

通过你的描述，我看到了一个比较复杂的状态，你似乎正被几种不同的情绪所困扰着。我觉得你需要先弄清楚以下几个问题，这有助于你更好地应对你的困惑。

"对于未来很迷茫"——这是很多人存在的问题，是因为最近遇到了问题而对未来迷茫，还是一直都对未来迷茫呢？如果因为最近找工作不顺，对未来很迷茫，请看下一条；如果一直很迷茫，那可能是一些"历史遗留问题"在作祟。

"求职过程中心情焦虑"——找工作的过程让你觉得非常焦虑。找工作是一个选择与被选择的过程，当然，被选择多一点。而且，工作本身也是一个挑战，因为我们将要面对被淘汰，被挑剔……这些都会诱发我们的负面情绪。我问过很多人，大家都觉得第一次找工作的经历很糟糕。我们要正视这个过程。我想做什么？我能做什么？什么样的公司会要我？进行自我反思是我们在做选择时必不可少的一步，当然，自我反思并不是什么愉快的体验。

"怕错过工作机会"——你找到了一份工作，或者说，你有了一个目标，这份工作虽然不是你喜欢的，但是它是你现在可以得到的。它还不错，但没有达到你的预期。这时候，你需要看看你是否能接受这个"还不错"的工作。怕放弃这个工作后找不到更好的,这有没有可能是你自信心不足?还是说以你的实力确实不足以得到更好的工作?

"在工作与否中挣扎"——和你不同,相比于喜不喜欢一份工作,我觉得"力所能及"更重要。你不喜欢这份工作的原因是什么?工资少?工作量大?还是像你说的,是因为你不会与人交流,也抵触陌生人和陌生环境?是因为自卑吗?还是你的父母亲对你有某些期待,而这让你反感工作?

"性格内向自卑,抵触陌生环境"——这是三个不同方面的问题。抵触陌生环境是环境适应能力的问题,性格内向是性格问题,自卑又是另一个方面的问题……最近总爱哭,听起来似乎还有别的事困扰你?总之,这不是一个"简单"的问题。

初入职场,每个人或多或少都会有一些不适应。有时候,我们把工作想得过于完美,刚毕业就想做自己想要做的工作,但是发现自己能力不足,无法得到想要的工作,因此感叹理想和现实的差距。

还有时候,我们不知道自己要什么,不知道是应该继续寻找,还是应该停下来。不知道做什么,感觉很迷茫的时候,可以从力所能及的事情开始,放下身段,静下心来做自己可以做的工作。你的见识会逐渐增长,也许做着做着你就知道自己喜欢什么了，或者知道自己不喜欢什么。迷茫没办法让你精进，只有行动起来，才会慢慢发现心之所向。

☀ 刘金（国家二级心理咨询师，3星优质答主）

年轻的时候我们都经历过迷茫无助的阶段，一边是兴趣和理想，一边是生存和现实。

你不想向父母伸手要钱，那么我想，对你来说解决生存问题应该是第一位的。就像我们不饿的时候，可以选晚上要吃涮锅还是烤肉，哪怕有点儿远也愿意为食奔波，但是当我们已经很饿的时候，就顾不了那么多了，只能在附近找个快餐店，赶紧填饱肚子。这和找工作是一个道理，先吃上饭，再考虑下一顿可以吃点儿什么更好的。

题主说找到的工作不是自己喜欢的，但是怕错过了这个找不到更好的工作。这里涉及两个问题：你喜欢的工作是什么？好的工作指什么样的工作？想明白这两个问题后，再制订详细的执行计划。如果无法思考出明确的答案，就先去做一下信息收集工作（比如访谈，加入职场圈子等），做进一步了解，再得出自己的判断。

04

害怕面试，如何应对

我今年大四，马上毕业，工作还没有着落，看着身边同学都拿到了offer（工作机会），特别着急。我各方面条件都不错，就是沟通能力差，不会处理人际关系，性格内向，从小就怕和别人讲话，没有自信，现在特别害怕面试。招聘会马上就开始了，我该怎么办呢？

韦志中（2星优质答主）

择业要求不能过高。高等教育出版社的一项调研显示，当代大学生57.4%的心理压力源于就业,其次为学习,而学习压力也与就业相关。从小品学兼优的毕业生,正遭受"世上无伯乐"的打击。觉得自己都麻木了,"给个活干就行"。

选择少难,选择多也难。有很多人,面临五花八门的职业,难以抉择。求职难,归根到底难在不知道怎么去求,求些什么。找不到工作的,希望找到工作;找到工作的,担心找到的工作是不是最好的。之所以会出现这种现象,首先是因为很多大学生缺乏对社会的了解,不知道什么样的工作需要自己,处处碰壁;其次,很多大学生不了解自己真正的兴趣,不知道何种工作能满足自己的内心需求。

择业时踌躇不定在所难免,但提前做好功课,焦虑就会大大减少。

第一,没有最好的工作,只有不是最差的工作。尝试之后才会知道自己到底喜欢什么。第二,不要苛求一步到位。生命的精彩在于一步步接近理想,而不是立刻拥有一切,职业生涯同样如此。第三,把眼光放长远一点,想清楚10年、20年后自己想要的生活,然后朝着目标努力。希望你能正视自己的价值,提升自信,练习沟通技巧,或者通过面试模拟特训提升自己,找到一份合适的工作。

💡 xinli_1908（热心小可爱）

就题主的问题，我想谈谈自己的经验。我是刚刚大学毕业的实习生，现在的工作是我的第一份工作。一开始，我在面试时十分胆怯，生怕把自己的缺点暴露出来，觉得自己稍微暴露一点缺点就会被淘汰。这种担惊受怕一直延续到我工作后，我一直担心自己做不好，可总怕犯错，就永远不会知道自己错在哪儿。

勇敢点，跟着自己走，没什么大不了，想做的事都可以尝试。我之前一直不会玩狼人杀，看到题主的问题前刚刚结束了一场激战，是我主动争取加入的，虽然全程不知道他们在说什么，在过程中各种坑队友，带着自己看人的喜好"杀人"，但是结束后感觉非常爽，就是一场游戏，多参与自己恐惧的、不擅长的活动，你会发现它其实一点不可怕。给自己多点鼓励，当你从小白变到有心得的时候，你会非常有成就感，加油！

💡 绘画心理咨询（2星优质答主）

你好，我已经送走了好多届大学毕业生。先说说他们的情况，再说你的情况。

大部分孩子，都是根据自己的专业去找工作的。我们学校要求学生提前一年做就业规划，比较优秀或比较有想法的学生，大二就已搞定学校要求的证书，大三开始出去实习，等到就业时已经有一年的工作经验。当然，也有学生选择在毕业前一年的十月份开始参加各种招聘会。

现在我们来分析一下你的情况，看看你该怎么做。

第一，写一份基础版简历，你所有的特长、兴趣爱好、资格证书、实习经历，统统写到简历上。

第二，每一次应聘，你的简历都要有所不同，针对招聘要求，修改你的简历。

第三，面试之前，一定要在网上查一查应聘单位的相关信息，注意面试技巧和面试注意事项。

第四，性格内向在就业方面并不一定是劣势。沟通能力不好，你可以现在就开始练，每天练习，总有一天你会变成沟通能手。不要着急，一步步来。

第五，把目光放在自己的优点上，面试的时候多展示自己的长处，缺点谁都有，没必要放大自己的缺点。请记住，面试技巧一定要掌握好，只要面试准备做好了，就没什么可怕的。如果实在不放心，可以找人进行模拟面试，或者对着镜子反复练习。穿着、表情、妆容、谈吐，一个都不能忽略。祝好！

05 / 刚毕业时找工作，什么因素是最重要的

刚才妈妈给我打了一个视频电话，把我骂了一顿。我现在在民营医院工作，有三千的基本工资，今天去面试一家比较成熟、稳定的民营医院，转正后基本工资只有两千多一点。

妈妈说我的工资还没有她的多，我的心里无比难受。

工作一个月，工作又多又杂，刚好那个时候特别压抑，我干脆离职了去了厦门。在厦门发生了一些事情，并且离家远，最终我到厦门不到一个月，被妈

妈带回家了。她总以为我有病。现在我工作的单位拖欠工资严重,没有五险一金。

刚毕业,到底什么才最重要?

💡 王明灿(1星优质答主)

说个真实的故事吧。毕业以后,我为了准备考试,去了书店上班,一开始我的工资只有700多块。干了一段时间后,我去了另一个单位上班,每个月工资2500块左右。当时我家里面的人也不理解,问我为什么找工资这么低的工作,我跟他们说,我要准备考试,要学习,周末要经常上课,找一份待遇好的工作我就会很忙,周末就没有时间去看书、复习考试了。当时我要考心理咨询师和人力资源管理师,时间特别紧,平时下班后的晚上都会去上培训班或者去书店看书。

有好几次,我问自己,目前工资这么低,我为了考试放弃优厚的薪酬到底值不值?这期间朋友也给我介绍过很好的工作，待遇都在五六千以上，我去的话生活肯定会变得更好。我想了很久，中间进行了许多次思想斗争，最终还是决定以考试为主。培训和学习更重要，虽然看起来赚不了钱，但是学到的知识和技能能够帮助自己成长，而且，我觉得个人的职业规划很重要。

经过四年多的学习，我学到了很多，相当于重新上了一回大学。一边工作一边考试，最终我把人力资源管理师和心理咨询师的证书都考到手了。这期间，我也认识了不少伙伴，参与过各类实践。经过一段时间的磨练后，我从单位离职出来，自己做心理咨询师项目。如今我是自由职业者，薪酬比之前翻了好几倍。看到你的提问，我一下子想起了原来的自己。

我认为对于第一份工作来说，工资不是最重要的，最重要的是这份工作能否提升自己的学习能力和相关技能。找工作时，不能只盯着钱看，钱是衡量一个人身价的标准，但你的职业规划更为重要。你想做什么，怎么发展，心里面要有目标，选择比努力更重要。

没有目标，工作换来换去，只为了追求金钱上的那点利益，是做不好事情的。我身边也有许多人，潜心学习，有些甚至辞职去学技术，学了三年后自己与人合作，创立自己的工作室，也干出了一番成就。所以，慢慢来，不要急，找到目标，然后脚踏实地地前行，只要你选对方向并且努力了，一定会成功的。

💡 叶成（国家三级心理咨询师，1星优质答主）

不说别的，只拖欠工资严重这一条，就能看出来这不是个什么好企业，相信你也清楚这一点。

要问刚毕业时找工作什么才是重要的，我相信很多人都会说这份工作能否让你成长最重要，我也认可，但这绝不等于接受拖欠工资的企业。从你的经历来看，你或许可以好好地选择一个去处，好好待上一段时间，而不是半年，甚至一个多月就离职（注意，前提是你的选择足够好，而非贸然去一个不好的企业）。

至于来自家里的压力，你可以跟妈妈好好沟通一下，表明你希望她给你一点支持，在经济允许的情况下，多给自己一些选择的空间。未来很长，我们不需要为我们刚毕业的这几年的工作付出整个人生的代价，选择很多，我们可以自由探索。

当然，成长固然重要，但薪资起码得能保证你的基本生活，这也是对我们付出的时间和劳动的尊重，一个不尊重员工的企业自然不值得我们尊重,你当然可以选择离开。这里我并不想分享我自己的经历,我觉得对你来说我的经历借鉴意义可能不大,我想说的是,人生很长,遇到不合适的可以选择离开,婚姻、爱情也一样。

要做出更正确的选择,前提是我们有足够多的选择。能力提高是让选择更多的一个方法,换一个选择更多的城市也是。

第 2 章

你的职场敏感度有多少

06

认真完成工作后，功劳总被别人抢走怎么办

每次领导分配任务给大家，负责人都不积极组织，其他人假装没这回事，我担心领导拿不到方案不高兴，所以在临近交工日期时，不管别人如何，我都会尽力保质保量完成任务。领导要成果时，我担心其他人尴尬，也担心其他人觉得我不顾及他们的感受、抢风头，所以汇报时没有表明这是我单独整理的。领导也许会认为这是大家合力完成的。

经常有其他类似的事情，事情我做，奖励却是别人的。真的会有人会在背后邀功吗？我这么不争不抢是不是不好？可我又不想让其他人难堪。每次都想着不

> 管别人，做好自己该做的，问心无愧，可是付出和收获还是不成正比。家人知道这些事后都说我傻，替我生气。

💡 空白（5星优质答主）

不争不抢，努力保质保量地完成工作，这样的同事请给我来一打。

题主可能存在两个方面的问题：固有的工作模式，道德要求与自身需求之间的冲突。先来说第一个问题——固有的工作模式。不知道题主在工作之外是否也这样？题主父母的行为方式是怎样的，是否也存在这种压榨自己、服务别人的情况？题主曾经被教育"吃亏是福"吗？

从你的描述来看，这个问题可能是在你的成长过程中逐渐形成的。第二个问题也与此类似。一方面，你觉得需要这样做，不这么做，大家可能会受到领导的批评，甚至所有人都得加班加点。大家不好，自己也跟着受牵连。另一方面，做了，你觉得付出和收获严重不成比例，会导致自己过度付出而收获不多，其他人却不劳而获，特别不公平，这会打击你的工作积极性，让你郁闷万分。

这让我想到一个小故事，三个和尚的故事。如果故事进行到后面，来了第四个和尚，那么情况会发生什么变化呢？如果这个和尚跟前面的和尚一样懒惰，就可能会出现每两人一组，轮流担水喝的情况。如果他很勤劳，就可能会变成他一个人担水，承担四个人喝水的重任，就像题主的情况。

如果题主有在劳动密集型企业工作的经历，尤其是流水线式的工作，就会发现，工作只会被勤劳的人承担，大多数人都在偷懒。责任不明确，导致工作可做可不做。既然可以偷懒，为什么要勤奋呢？

工作责任不明确导致工作模式混乱，加之题主自身的道德要求比较高，最终使得题主承担了很多原本不属于自己的工作。对不合理的制度说"不"，不仅仅是维护个人权益，更是维护一种良性的发展。

要解决这两个问题——固有的工作模式，道德要求与自身需求之间的冲突，需要长期努力，任重道远，慢慢来。

💡 Drctor Who（5星优质答主）

题主好，请问你不争不抢的原因是什么？是为了在职场当一个人畜无害的好人吗？兄弟，醒一醒，在职场中，对领导来说，一个让别人嫉妒的优秀员工，肯定比一个默默无闻的老好人更有价值。

公司不过是一群人一起努力创造价值去生存的地方。如果你不创造价值，那公司要你干吗呢？至少你知道要积极去完成任务，比那些混吃等死的员工强不知道多少倍。我们先把事情做好，至于别人嫉妒不嫉妒，给不给你穿小鞋，挤不挤对你，那是下一步需要考虑的事情。你现在突然撒手不管是自砸招牌，可能会给领导留下和其他人一样的印象。

你可能也了解过一些职场潜规则，大家都害怕脱离群体，害怕不合群，正是这种从众心理导致生产效率低下，每个人都不愿意付出。看清现实，不需要因为担心别人嫉妒而不敢邀功，有能力者自会留下，无能力者早晚会被淘汰。

我明白你的心情，建议你试着学一学职场关系处理技巧，看看如何在自己表现优秀的同时不被群体所排挤，做到既有实力又不会让别人感觉不舒服。

你现在初入职场，还缺乏经验，很难面面俱到，先打造好自己的招牌吧，不要管别人感觉舒服不舒服，先管理好自己，才能最终成就自己。

07
性格内向不合群，和同事相处不好怎么办

工作将近九个月，感觉跟办公室里的同事相处不好，平时聊天讲的基本都是工作内容，只有中午吃饭的时候才会和一位同事偶尔聊聊家常。比如同事们去隔壁办公室看东西，可能因为我平时存在感比较低，他们就没叫上我。平时跟我一起吃饭的那个同事后来微信问我要不要过去，我觉得挺不好意思的，就婉拒了。

我朋友也不多，每天聊天的只有一两个，在朋友和男朋友面前我能放肆大笑，找很多聊天话题，在不熟的人面前就很不合群，挺不喜欢自己这样的，不知道该怎么办。

💡 Levi（5星优质答主）

不难发现，和你比较熟的人心里还是有你的位置的，你要做的是放开自己，让自己多交一些朋友。也许你是一个慢热的人，有些人比较外向，可以很快和陌生人打成一片，而你比较腼腆、内向，甚至不敢和陌生人打交道。

也许你可以试着改变一下态度。

1. **保持谦虚**。对于职场人士来说，在与同事相处的过程中，切忌骄傲自大，应该以谦卑的态度去和别人沟通，不能因为自己业绩突出或者能力突出，就说话放肆，这些都会使别人不愉快。

2. **避免过分计较**。在职场中，要想与同事保持和睦的关系，就应该在小事情上少计较，过分计较只会让你失去朋友。

3. **保持端正的工作作风**。有些人总认为自己很厉害，对待工作十分敷衍，草草了事，给合作的伙伴带来了许多不必要的麻烦，长久下来，自然会被同事疏远。

4. **克制爱出风头的习惯**。有些人总认为在职场中出风头，就是给自己升职加薪创造机会，其实，长期如此，只会引起公愤，做人最好低调一些。

⑤ **不要背后议论同事。**不管在任何时候,都不要随意议论同事,一旦被传到同事耳朵里,你的形象就会严重受损,也会让更多的同事刻意与你保持距离。

职场中应该学会改变,毕竟这是一个团队作战的环境,如果你不能融入团队,必然待不长久,甚至有可能影响你的职业发展。当然,这不是一朝一夕可以做到的,循序渐近就好。

💡 Further analysis（1星优质答主）

首先,你要接受、认可自己的性格,并且要知道内向不是不好,也不等于不善于交际。内向和外向都有优势也有劣势。

其次,要看到内向的优点,比如内向者可以更冷静地观察与思考,善于体察他人的情绪,没有太多的应酬使你有更多时间学习,朋友虽然不多但都很可靠,等等。

学会发挥自己的性格优势,避开性格中的不足,找准方向,努力前进,不断提高自己的实力,丰富自己的生活。渐渐地,你就不会过分在意自己内向与否了,因为接纳自己、有自信,你就会更加自然、亲切地与人交往,潇洒、坦然地展现自我。

在人际交往中非常敏感的人,其深层心理原因是不能客观地评价自我,完全依赖于别人的评价。改变这种状况的方法是:多肯定自己,在团体活动中努力表达自己的想法,其实很多你担心的事都是不存在的(或者发生的可能性极低)。用要求亲人的标准要求同事是不现实的。当你对人家很好,但对方没有什么反应时,你就应该知道你们之间的心理距离是远是近,就应该及时做出调整,否则只会让自己陷入困境。

💡 行者(2星优质答主)

题主你好,内向的人有这样的特点是很正常的,在读完玛蒂·兰妮的《内向心理学》这本书后,我有一些认知上的改变。内向就不能好好交朋友吗?内向就缺乏自信吗?内向就不能让自己满意吗?其实是内向的缺点让内向的人容易陷入这样的误区。我们有必要了解内向的特点和优点,以及如何更好地发挥内向的优势。

内向者和外向者有几个本质上的区别:①精力的恢复方式:内向者累了需要独处来恢复精力,外向者累了也能跟一帮人打成一片；②对刺激的反应不同：内向者较为敏感，接受外界的刺激会消耗他们很多精力，外向者似乎对大量的外界刺激非常欢迎；③内向者更喜欢深入了解事物，喜欢深度，外向者则更喜欢广度。

根据以上几点，我们可以做出一些调整：①对一些有益的交际活动，提前休息好，储存足够的精力，按自己的节奏，逐步融入社交情景；②学习一些社交技能，让自己在社交中更自如，内向者善于倾听的特点是很大的加分点；③提前准备一些话题，提前做好安排，发挥自己深度思考的优势。

内向者还有很多优势，比如善于自我反省、有洞察力、有耐性、有深度。说这么多目的只有一个：善用自己的内向优势而不是与之对抗。只有自己感觉良好、舒服，才能令与你交往的对象有同样的感觉。优秀的节目主持人、明星中不乏内向的人，如蔡康永、刘若英、梁朝伟。题主要相信内向不是问题所在，要发现自己的优点，通过学习、训练找到一个更自信、更好的自己，社交问题自然会得到改善。

08

被领导各种挑剔，如何面对职场欺凌

被领导各种挑剔，但都不是针对关键内容，感觉只是为了批评而批评，想赶我走，从去年年底的年会开始就是这样。我现在感觉头很疼，失眠。

💡 **乔三**（3星优质答主）

听得出来，你的领导让你觉得很委屈、很无辜，但是你隐忍着，将自己的情绪藏在心里。慢慢地，你出现了一些生理症状。虽然你意识到领导是故意找碴，但一直收到负面评价还是不可避免地对你造成了伤害，伤害了你的价值感和自尊，所以你既难过又愤怒。

首先，建议你下班时，找个人倾诉你内心的不平和愤怒，写下来也可以，甚至把老板画下来对着他骂也行。把你内心的愤怒和不平都发泄出来，对情绪压力有一定的疏解作用。

其次，要记住领导是故意刁难你的，告诉自己，你拥有闪光点，抱抱自己，告诉自己你是优秀的，并不是老板说的那样。从字里行间可以看出，你能隐忍面对领导的压力不让他"得逞"，无论你为何隐忍，起码说明你是一个有自己想法的人。

最后，离开当前的环境肯定是你当下最好的选择，但不要因为领导而离开，可以给自己做一个规划，有准备地去寻找更好的未来。

💡 **张佳英**（国家二级心理咨询师，4星优质答主）

看到你的问题时我有些困惑，职场上虽有上下级的区别，但终归都是雇佣关系，也谈不上人身从属权。被"欺凌"带给你的压迫感似乎非常深切,这是不是与你的个人经历有关呢?被上级多次批评确实很令人难受,也会动摇我们的自信。你需要去梳理一下到底发生了什么,一方面,你肯定希望自己工作时顺利些;另一方面,即使你真的打算离开这个环境,也应该防止自己再经历同样的状况。

想一想,你的领导是习惯用这样的方式来打击下属吗?意在树立自己的权威?还是只是针对你呢?如果只是针对你,到底发生了什么他才会这样呢?这其中有误会吗?还是说他对你有偏见?如果这其中有我们所不知道的原因,是不是能去沟通一下,澄清误会呢?如果这就是他根深蒂固的偏见,那你要不要考虑为换一个更好的工作环境做准备呢?

别害怕,你不再是一个被人欺凌的小孩子,你是一个用劳动价值换取报酬的成年人。处理好职场上的人际关系,对自己来说是一个挑战,也是一个契机。

木喜(3星优质答主)

首先,我觉得应该要搞清楚,领导是针对你做的事情呢,还是针对你这个人?

如果是针对事情，你可以试着去梳理，自己哪方面做错了，加以改进。你为此头疼，说明你还是想继续在公司做下去的。

如果是针对你这个人的话，是你太优秀，威胁到他的地位了？还是你确实在某些方面做得不得体，比如没有给领导面子等，让领导失了颜面？如果是自己优秀，那就继续优秀，有时隐忍是必要的，是金子总会发光的。如果是自己做得不对，以后就需谨言慎行。有时候糊涂一些真的会避免很多麻烦。

其次，你在公司的人际关系怎么样呢？职场上实力很重要，但很多时候人际关系也很重要。

最后，要相信自己。人不可能一点错误不犯，过去的就让它变成垫脚石，助自己更上一层。

09

适应不了两面三刀的职场人际关系怎么办

我是很羡慕那些"精致的利己主义者"的,至少他们善于攻心计,善于伪装和自我保护。我的父母颇为耿直,用现在的话来说就是情商低。我也是,打小就情商低,耿直又敏感,不善于察言观色,更别说工于心计了。

进入职场后,我被有些人之间的尔虞我诈、钩心斗角震惊了,也被伤害过。我发现伪善的人特别多,我没有任何后台,被算计过,也被诬陷过,渐渐明白了一些生存之道,可还是会被狡诈奸邪的人欺骗。我真的觉得很累,很想变聪明,学会识人、辨人的方法,也很想变强大,拥有保护自己的能力。

我该如何修炼?不想成为工于心计的人,我想知道怎么样才能保护好自己,不被他人伤害呢?

飞飞(5星优质答主)

有句老话叫作"吃一堑,长一智"。透过题主对问题的描述,可以发现题主逻辑清晰、才思敏捷、用词精准,肯定可以做到"吃一堑,长多智"。

以下是我暂时想到的角度,供参考。

你说自己"耿直又敏感",这或许和家庭环境以及你从小到大所受的教育有关系。比如,当我们3~6岁时,父母可能会常常教导我们说,这个行为是错的,那个行为是对的,你要这么做,不要那么做……这就属于过早地向孩子灌输"是非观",对孩子未来的成长是会有一定程度的"伤害"的。这么说可能严重了一些,但至少会在很大程度上导致孩子成年后内心的痛苦和纠结。集中体现在:如果他和我不同,他就是不对的，或者，我就怀疑我是不是对的。

但时光无法倒流，我们无法回到童年，怎么办？那就做自己的"父母"，告诉自己：这不是谁对谁错的问题，只是我们不同而已。接纳了这种"不同"，可能你就看不到"伪善""尔虞我诈""钩心斗角""狡诈奸邪"的人了，你会认为他们只是和你不同的人。

每个人都有自己的优点和缺点，在同一个团队中，我们需要彼此成就。的确，很多人有多面性，但只要这个人在一些方面能够为团队创造价值，那这个人就是被需要的。只不过很多时候这个人会损害我们的利益。

被伤害后怎么办？总结、学习。我不是鼓励你变成和"那些人"一样的人，而是让你总结教训，学习保护自己的方式。总结一下，这次怎么被坑的，是说太多，还是做事不够严谨，吃一堑，长多智。如果你不屑于和他们"打太极"，可以把重点用在提升自己的专业能力上，有朝一日，跳槽去更好的公司。

💡 自由的枷锁（3星优质答主）

的确，在公司里，不是只做好自己的工作就可以，人际关系也是人生的一个"硬骨头"。但办公室政治不代表人际关系，耿直不代表情商低，更不代表人际关系不好。在职场上，尔虞我诈的事情肯定有，但是应该不会太多，且大多数都是单次博弈——这次过完招，就永不相见了。坚实的人际关系不是一朝一夕就能建立的，大多建立在重复博弈上。我一直相信，只有真诚待人，别人才会来和我合作。

要保护自己，第一步就是分清场景，是单次博弈还是重复博弈。如果是重复博弈，可以敞开一点，毕竟如果别人要跟你长期合作，就不会有太多心机。如果是单次博弈，那就要当心了。你不要心机是你不要，你并不能控制他人。

在和他人合作时，你可以用以下两个方法来保护自己：①找个口碑好的和事佬，给他分点利益，他一定会帮你。②把单次博弈变成重复博弈。

💡 文紫（2星优质答主）

看到你的讲述，相信你一定认同这样一句话：工作不麻烦，麻烦的是工作中的人。我们大多数人的工作，是需要互相合作的。我们需要跟各种各样的人打交道，也会与他们形成或直接或间接的利益关系。因为利益,所以算计。你不想工于心计,但也不想被伤害,被欺骗,对此,你可以尝试从以下几个方面做起。

第一,先弄清楚你为什么应付不来这些会算计的人。你说自己情商低,是因为什么呢?是因为自小成长的环境?还是因为你比较单纯?还是因为你对这方面没有听闻过什么?再有,在什么情况或者哪些固定的情况下,你处理不好?

第二,你说想练就识人的本领,其实职场就是一个实战环境,在职场中经历,跌倒,再爬起,这个过程就是最直接、最棒的教育。所以,面对目前的环境,你可以对自己说,这个环境会让我变得更好,会让我学会我以往不会的东西。

在平时的工作中,你要多看、多想。每个人都可能会伪装,会通过各种语言、行为伪装,你只要抓住"他是不是兑现了对我的承诺,是不是损害了我的利益"这一根本检验标准,就不会被迷惑。

第三,你可以找一位能在这方面给你引导的"师傅"。当你遇到一些具体问题时,你可以向师傅去请教,听听他的分析见解,和他进行讨论,弄明白别人为什么这样做,是出于什么目的。

第 3 章

如何逃离
工作压力的五指山

10 / 工作加班加点，感觉自己很抑郁怎么办

每天上午工作都很忙，忙不完中午不能回家，连午睡时间都没有。人逐渐疲惫、心累、抑郁。有什么好方法能解决这种难题？

小艾同学（1星优质答主）

抑郁情绪其实是一种很常见的情绪，人人都可能出现。当人们遇到精神压力、生活挫折、痛苦困境的时候，就会产生抑

郁情绪。

怎么办？寻找办法之前这里有个前提需要去面对：你可以不工作吗，不忙吗，因此我们可以从两个方面来调整。

① **改变自己的认知，保持正念。**推荐《一平方米的静心》这本书给你，我们之所以在职场中、生活中、家庭中常常感到不快乐，是因为我们没有找到科学的方法。如何让自己快乐，有八个关键点：均衡、专注、慈悲、弹性、沟通和联结、正直、意义、开放的觉察。让内心变得安然快乐，秉持正念，全身心投入工作中，温暖、平静地前行。

工作是一场修行，我们需要在工作和生活之间找到平衡。在职场中，我们对正在发生之事的察觉，会被偏见、多虑、诅咒、极端和想象所扭曲。心静时我们便能保持正念，觉察自己的状态，让自己进入轻松、有效、正能量的状态，也能及时停止犯错，及时止损。对工作专注，可以让工作变得更加美好。工作除了能满足我们的物质需求，也能让我们实现自我价值。

② **总结工作方法，提高工作效率，做到忙而不乱。**推荐《零秒工作》这本书给你，作者赤羽雄二曾在麦肯锡工作

14年,有过一个人同时负责7～10个项目的不俗经历。而成就他的强大工作力,来源于他的工作哲学:"思考的速度可以无限加快""工作的速度可以无限提升"。在《零秒工作》中,作者不仅提出了提升工作速度的基本观念,还详细解说了"零秒工作术"的具体做法,更根据多年经验总结出提升工作效率的诸多办法。非常建议职场人士一读。

💡 樱叶(2星精华答主)

不知道题主做的是什么样的工作。可不可以把上午的任务合理分配到下午呢?如果可以,就尽量安排一些工作在下午,而不是一个早上忙完所有事情。

我身边接触到的很多医生也是这种状态,从早上一直忙到下午一两点,午饭都顾不上吃,其实让挂号处限号,或者快12点就不接待病人就可以。毕竟虽然病人有病痛,但保证自己的休息时间是对病人的负责,因为不好好休息,人的错误率会提高,判断失误也会增多。

其他工作也是如此,很少有事是一刻都等不及的。急诊科医生还是轮岗制呢，空闲的时候赶紧休息，值班一天后，第二天肯定是休息日。所以午睡问题是可以解决的，而且你不用一定要回家午睡，只要有桌子有椅子就可以睡，回家一趟还得花费很多时间，上大学之前，学生们也都是趴在桌子上午休的。如果太吵，可以关上门，或戴降噪耳塞。

最后，要是题主在一个没有午休制度的公司，那就需要衡量一下你的薪水到底值不值得让你付出这样的健康代价，你有理由要更高的报酬或者更多的休息时间来保证健康。

11 / 怕过不了试用期，如何面对工作压力

这两天刚到新单位，面对还不是非常熟悉的工作内容和即将进行的试用期考核，压力好大。一天两杯咖啡，要转正得通过试用期考试，达不到90分就无法通过。真的很怕面对工作压力、人际压力、领导的要求，还担心过不了试用期，怕丢人，如果真通不过，感觉只能躲到地洞里，会很久没有自信，觉得自己没用、没能力。

💡 一只叫图南的鲸鱼（1星优质答主）

你提到了四个方面的问题，包括"人际压力""工作压力"等，我猜你是一个应届生。工作确实不容易，哪怕是一直被看好的互联网行业，也会遭遇寒冬。针对你遇到的四个方面的问题，以下是一些小小的建议。

1. **工作压力的应对**。刚进入一个新公司时，面对工作内容，我们都需要些时间去熟悉，此时我们不仅要努力提升自己的能力，还要多请教老同事，如果你不好意思，或者觉得这么做会打扰同事的工作进度，就直接去问你的上级，因为除了你，你的上级是最希望你把工作做好的人。

2. **人际压力的应对**。职场小白需要记住的一点就是，和同事保持恰当的距离。刚进新单位，我的建议是做事高调，做人低调，和同事正常地相处就好，能和同事成为知心朋友是一件幸运且难得的事情，至于领导，一般来说，只要你完成工作任务，领导都不会说什么。

3. **领导的要求。**当你觉得领导的要求太高以至于你无法达到他的期望时,请先静下心想一下,这件事情是可以做好,但是需要自己在工作时间之外多花些时间来解决,还是这超过了你的能力范围,且短时间内你的能力无法提升到这个程度,需要其他人帮助。如果是第一种情况,那多花些时间就好,如果是第二种情况,可以寻求同事的帮助,或者直接跟领导坦白,说出你需要哪些帮助。或许你会很害怕,直接跟领导说"这件事情我做不了"会不会让领导心生反感,但是工作看的是结果,不是过程,如果一开始不表明,最后花了大量的时间精力也没有完成目标,领导反而会说你为何不一早提出来。

4. **考核要求。**试用期是用人单位与求职者的双向选择期。一般来说,只要你保质保量地完成自己的工作内容,是可以通过试用期考核的。当然,不排除有些公司要求特别高,又或者名额有限,只能在几位试用期的员工中择优选择。最黑心的是第三种,打着试用期的幌子诱骗低于市场价格的劳动力。与其想其他东西,不如好好工作,就算试用期没过,学到真才实学也不算是一无所获。最后想说的是，请继续加油努力，愿你拥有丰满的羽翼，有实力面对骨感的生活。

凉城（3星优质答主）

你应该是非常重视这份工作，以至于过度紧张焦虑。不知道你工作之前的人际交往状况怎么样，从你的描述中能够感受到你对于考核的压力、人际的压力等都非常敏感，短短几句描述就出现了三个"压力"。

你也在陈述中描述了自己的原因，那就是没自信。很害怕自己被评价、没面子、没用、没能力等。你有没有发现，你一直在关注你的自身感受，忽略了事情本身呢？就好像考试前一直说"啊好难啊，考不好怎么办，考不好会被同学嘲笑的"，却并没有想着怎么更好地完成任务，去进步，去达标。

对自己有一个客观、系统的评价是必要的。你的水平到底如何，不取决于他人的评价，而取决于你自己，取决于你的能力。至于那些负面评价，有可能只是你的想象，就算真的有，他们了解你吗？如果他们不了解你就批评你，那他们的评价值得你这么担心吗？

认真做好本职工作才是最重要的。没有一个老板喜欢每天顾虑超多的员工，除非工作需要。所以，去做吧，去证明自己，而不是陷入苦恼。

💡 德哥（3星优质答主）

首先，你所表现出来的情绪都是对未知的担心和恐惧，才工作几天就担心接下来的试用期考核。大多数公司都会设立试用期考评，其实你想想看，公司已经把你录用了，也是需要机会成本的。只要你的表现达到60分，基本都可以转正，至于考试90分，是不会太难的。你先要做好当下的事情。

其次，试用期内多努力，活泛一些。就是眼睛里能看到事，看到同事需要帮忙的事，自己力所能及就主动去做。为领导分忧解难，多给领导选择，而不是问怎么办。换个角度思考，也有跟你一样处于试用期的员工，他们也有一样的焦虑，你做了就比别人多些机会。实在通不过，也只是说明暂时不适合这里的文化而已，不一定代表自己的能力不够，重新再找工作也是可以接受的。

最后,多关注考核有哪些方面,不懂的就及时向领导同事请教,虚心、积极向上的心态和行为,到哪里都能受欢迎。我相信你可以的,千万不要以偏概全,一点不会就否定全面,这个认知我们可以重新调整一下。

12 / 工作压力大，很焦虑怎么办

我在一家大公司工作，领导觉得我做的东西很粗糙，但是领导给的任务我都很快完成，并且是按照要求完成的，别人大概需要一两周，我两三天就做完了。当初来这家公司就是打算多学些东西，为明年创业做准备。我感觉我现在很不适应大公司的节奏，很多事情进展特别慢，同事只会不停甩锅。我感觉我更适合小点的公司，快节奏的工作。

我现在是有事做事，没事就自己学点东西，但领导的批评和同事附和领导的话，让我开始怀疑自己。现在我严重怀疑自己听不懂别人说的话，感觉天天上班都很压抑。

💡 谢丹（2星优质答主）

虽然你表达了焦虑，但我感觉这不是一个纯心理问题答疑，更多涉及对职业、工作的理解和态度，我会说得直接一些。不知你毕业多久，做的是什么工作，有可能有些是基于我的假设判断、未必说得对。

从你的描述来看，是存在两个 GAP（差距），这也是你产生焦虑的根源：一是你自己的工作输出与领导要求有差距，领导和同事的评判让你对自己的能力产生怀疑；二是你期待在大公司学习经验为自己创业做准备，但是感觉大公司节奏太慢，你对公司有评判和失望。

虽然你描述是按上面的顺序来的，但是从现实发生来看，是不是先有你的工作态度和对公司的评判，后才有你的工作输出得到的反馈，这之间有没有部分因果关系？我们可以再深入检视和思考一下。因为后者还带有一定的普遍性，我下面先从后一点谈起。

1. 对公司的期待和失望

不知你工作多久了，看起来像毕业没多久？根据我之前接触到的大学实习生、毕业生，似乎这样的情况还不少：抱着在大公司学经验、为自己创业做准备的想法，然后失望、走人。这里，有几个问题供思考：你所理解的"创业"是什么意思，是做什么？对于你提到的创业目标，你之前对这个行业有没有一个面上的了解？对于你设想的创业公司的目标客户的定位、需求理解和细分、你想做的产品／服务的价值主张、关键资源和能力等要素及其组合商业模式等，有没有深入构想过，或者带着这样的框架和问题在现在的公司里学习、寻求答案？

如果回答是肯定的，那你对现在公司是不是适合你，能不能满足你的期待的评估应该更全面、清晰，不应仅仅是"节奏慢"这类感受。如果没有去做过行业分析和探究这些问题，就说明你说的"在大公司积累经验，为创业做准备"是非常笼统、模糊的，你还不具备一个"创业者"的素质。

如果带着"创业"这样一个很自我的目标，实际上又笼统、模糊，就很难聚焦在对社会、组织对你的要求的理解和思考上，更难聚焦在工作任务的具体要求上去踏踏实实做事。你如果不清楚未来的创业公司需要什么样的产品、资源和能力，还是先从搞清楚你现在的工作和岗位需要什么样的输出、品质和能力为开端比较好。

2. 工作输出受到的评判

即使志存高远，也要脚踏实地，根据你说的，很可能是前面的态度决定了你缺乏这样的认识和习惯去理解当前的具体工作要求，所以尝试一下，先抛开你的"创业梦"和相关的评判，实实在在投入去理解工作要求，去跟人沟通（谁给你提的需求，谁就是你的客户，如果你将来要创业，首先要从理解客户需求做起），从小事做起，把事情做得符合标准。

你也提到，你的效率高、公司节奏慢，那我们也应该是从事情本身需要的质量标准和时间要求来看，合理的交付应该是怎样的。如果你很清晰标准了，又的确存在其他配合条件跟不上的情况，影响你的输出，那可以通过进一步的沟通向领导澄清。

3. 对自我的怀疑和焦虑

我最后谈到这个，是希望你在参考前面的意见基础上再捋一捋，看看是不是存在这方面的问题，如果是需要调整态度，那我们先尝试调整态度、聚焦工作，看看有没有变化。很多时候，外在的刺激是客观的，内在的态度和信念起决定作用，不同的态度，产生不同的行为和结果，当行动和结果证明了我们的能力时，怀疑和焦虑自然就消除了。

莫小凡（2星精华答主）

在职场上究竟是大公司好，还是小公司好，其实要看我们的实际情况。一些比较厉害的大公司，招收的门槛比较高，公司内部的人员能力基本都是比较出类拔萃的，但是和其他公司的人一样，大公司的人员到了瓶颈期，也会懈怠。正如题主所说，领导分配给你的任务你可以很快完成，但是一些流程却相当耗时，这是很多大公司没办法避免的一个事实。同样的情况如果发生在小公司，或许口头交流一下就够了，因为没有那么多流程。

既然题主已经有了明确的目标，明年准备创业，那目前要做的就是思考自己未来的公司如何生存下去，自己有没有足够的人脉和资源，如果只凭一腔热血就去创业，没有前期的调研和别人的帮助，创业基本上就是纸上谈兵，最后你很可能会一事无成。而且大公司的流程也没办法让你照搬，毕竟企业的发展都有一个过程。不要轻易怀疑自己的能力，如果创始人都不够自信，又如何带领自己的员工走向辉煌呢？学会承受压力，调节自己，明白自己想要成为什么样的人，根据自己的目标为自己制订一套合理可行的计划，要对自己的未来充满信心，加油！

13

害怕领导发脾气，是我太脆弱吗

毕业快三年了，换了两个领导，之前的男领导办事情绪化，喜欢骂人，如今的领导依然喜欢发脾气。我现在的领导就是这种性格——上一秒暴怒，下一秒可能就笑。她觉得没什么，可这会消耗我很多能量。每次她吼了我，我就会难受半天甚至一天，她在办公室里发脾气训别人我都会跟着紧张。本来心情好好的，突然就一个晴天霹雳下来。每当她发脾气，我感觉桌子都在震动。

我是名校硕士，参加工作前就没挨过批，好讨厌这种一秒内心情180度转变的感觉。每次她发脾气，

> 我都会总结、改进自己工作,甚至写工作笔记,每天都希望她心情好点。她心情好,我汇报工作就顺利,她心情不好,我做得再完美都会被挑毛病。其实,如果她心平气和地说哪里需要改进,我们也会做得更好。指责型领导和引导型领导差异太大,是我太脆弱还是职场真的就是这样?只要身为下属,就要忍受领导的脾气吗?

💡 小艾同学(1星优质答主)

看起来你真的挺害怕领导的,每次她吼了你,你就会难受半天甚至一天,她在办公室里发脾气训别人你也会跟着紧张。可以理解你这种感受。

职场中,领导与员工的属性不同,承担的责任与风险也不同,你只要清楚一件事情就可以——你的职责就是把本职工作做好。你来是好好做事的,只要做好自己分内的事就可以,至于领导为什么发脾气,那是她的事,可能是她的某些工作没有做好，或者是其他原因，而她的问题你又不能帮她做决定，对吧？

如果不是自己的问题，那么领导发脾气的时候可以采取以下方法。

1. **只听不说话**。当我们遇到领导发脾气时，我们可以只听不说话，也可以左耳朵进右耳朵出，这样的话，只剩他自己在说，说一会他就会觉得没意思，也就不说了。如此一来，他发脾气的时间就会缩短。如果你在这时候和他"顶嘴"，他就会越来越来劲，没完没了。

2. **只接受不反驳**。如果你的领导因为工作的原因对你发脾气，那么在这个时候，你应该接受领导的批评和教育，不管你是对是错，都不要反驳领导。如果你在这时候反驳了领导，他的怒气就会更大，他发脾气的时间也会更长，更会给你造成不良影响。如果这件事不是你的错，你可以等领导冷静下来后，去找他说一说。

3. **冷静地分析和判断**。当领导已经开始对你发脾气，一定要冷静，要沉住气，不要慌乱，也不要害怕。这时你首先要做的，是搞清楚领导为什么会发脾气。是自己某件事情没有做好？还是说错了某句话？是自己对这件事的处理方式不当？还是纯粹因为她情绪不稳定？搞清楚为什么，未来才有可能避开雷区,并做出理智、正确的行动。

4. **"顺毛"沟通**。当领导对你发脾气时,你可以顺着老板的意思做事,这样,他就不会再发脾气了。对一些比较固执的老板来说,顺着他的思路去做事、说话,就可以降低自己被骂的可能性。

5. **要学会关心领导**。领导也是人,有时也需要关心,尤其是脾气暴躁的领导。其实他们多少都是想通过这种做法得到别人的注意,所以我们平常要懂得适时关心领导,这也有益于我们的升迁。

6. **领导发脾气时要忍**。面对爱发脾气的领导,要忍,不要与领导有任何正面冲突,那样只会惹怒领导。

领导发脾气并不可怕,只要我们按照以上几个方法,就能够从容应对这样的场景。我觉得你不脆弱,只是你没有采取正确的方法而已,你觉得呢?

💡 ZHUQIANG(4星精华答主)

完美是不存在的,尤其是在指责型领导的眼里。有一句话是这么说的：要找出毛病永远比找出优点更简单。俗话说得好：站着说话不腰疼。不管你做得多好，都可能会被指责，你已经按她的标准在改进了，没有什么需要自责的。

心理弹性是指主体对外界变化了的环境的心理及行为上的反应状态。该状态是一种动态形式，有其伸缩空间，随着环境的变化而变化，并在变化中达到对环境的动态调控和适应。心理弹性是主客体交互作用的结果，它受主体之外的因素制约，同时又能动地反作用于客观刺激，并随该刺激改变而改变，在动态变化中达到对外界环境的有效调控与适应。举个例子：被批评后，有的人可以很快走出来，这说明他的心理弹性好，在动态的环境中保持了平衡，而有些人会像霜打的茄子，提不起精神，很畏惧跟领导对话，这说明他的心理弹性较差。

适应她的暴脾气，她可以发脾气，你也可以调控好自己。

第 4 章

辞职:任性还是成熟

14

裸辞真的是一件不能接受的事情吗

毕业至今，我工作一年了，从一开始就很排斥现在的工作，无论是心理还是行动上。今年换了个领导，这使我对工作的排斥更严重了，现在一想到工作就会莫名地哭，觉得不能这样下去，要改变，但因为没有方向，加上父母反对，就一直拖着。现在我哭得越来越频繁了。我也不想这样下去，这样会给周围的人带来许多负能量，每次和父母谈及辞职都会吵架，换得"再坚持一下，你怎么这么脆弱，你怎么抗压能力这么弱"的回答，每次谈完大家都很难受（我妈会哭，还会在群里发什么"养孩子不孝要靠自

> 己"的微信推送)。
>
> 现在每天我都好累,很羡慕那些笑得很开心、很快乐的人,感觉一年前活力满满的自己已经被抽空。现在我只想先停下来静一静,找找方向,以前一直都是父母要我做什么我就做什么,导致我完全不知道自己喜欢什么,对未来也很迷茫。

💡 浦瑞 girl(1 星优质答主)

对你的难过表示理解,我们独立之前的生活都是父母给我们安排的,我们依赖他们。父母出于爱,已经习惯为我们打理一切,当然,他们所做的一切都是为我们好,只是方式可能不太对。

人在压力面前肯定是脆弱的,在工作中,我们会遇到各种各样的问题,这都是正常的,每个职场人都得学会面对和处理这些问题,逃避不是解决问题的办法!至于工作压力的排解,我们都是有感情的人，遇到困难、压力都会难过，想哭就哭，没必要压抑，可以找自己的好朋友倾诉一下，或许他们能给你很多实用的建议。

换个角度来想，你难过、痛苦之时，也是提升自己的好时候，放平心态，找到让自己难过的问题，然后一个一个去解决。要相信自己，哪有过不去的火焰山！不要让别人影响自己。当问题都被解决完时，你会发现自己真的很厉害，自己的能力得到了提升。如果实在不喜欢这份工作或者受不了现在的环境，就规划一下自己的未来，时机成熟之时，果断离职。

魏洪谦（1星优质答主）

表面上看，这是一个职业规划问题，实际上这可能是一个人际关系方面的问题。

1. 刚毕业的大学生会遭遇人际关系方面的冲击

在进入社会之前，你所处的人际关系都是很单纯的，在家里听爸妈的就好，在学校里听老师的就好，顶多加一个和同学搞好关系。你习惯于听从父母或者老师的指令和安排。你不需要自己做重大的决定。

但是在工作当中,不再会有爸妈或者老师这样的角色时刻跟着你,给你保驾护航。你失去了一直以来的支持和依靠。在工作当中,很多事情都需要你立刻做出决定,并且还要为自己的决定承担压力和后果。你从来没有面临过这样的情况,你会犹豫、害怕,不敢做决定,等待领导给你明确的、具体的指示。但是领导也有自己的事情,不会一直帮你做决定。你开始感觉不喜欢这个工作。你以为是自己真的不喜欢这份工作,其实这是因为你的人际关系支持系统发生了变化。

还有,我想知道,你是在父母身边工作,还是在远离家乡的外地工作?如果是在老家还好些,之前的朋友、同学能在业余时间给你陪伴和支持,甚至帮你出谋划策。如果你是在外地,离开校园,离开熟悉的老师同学,举目无亲,这种孤单的感觉本身就是一种巨大的压力。你需要在工作之外发展自己的人际支持网络,以免工作之外没个人生活,除了同事、领导,没有其他联系人。不知你在人际关系方面是什么情况呢?

2. 你到目前为止还是爸妈的乖宝宝

从发展心理学的角度讲,大概在初中阶段,孩子们需要完成和爸妈,尤其是和妈妈的分离任务。直白一点就是,在初中可能会和父母吵架、冷战，甚至离家出走，这就是家长口中所说的叛逆期。我猜测你一直很听话，完全不叛逆。这个发展任务是逃不掉的，你终究要过这一关。自己做主并且为自己的选择负责，这是成年阶段开始的标志。

3. 你在工作当中的人际关系，是你和爸妈的关系的投射

我们来假设一个场景：领导安排你去做一件事，这件事需要你做决定、做出选择，领导不在你身边时，你会害怕自己选错，这种害怕让你犹豫不决，让你排斥去上班。

我们再来假设一个场景：领导安排你去做一件事，你内心不愿意去做，认为他故意为难你。你很愤怒，深陷在这种愤怒当中好久走不出来，导致工作延误，最终发展为讨厌上班。这里作为例子的害怕和愤怒，是很多年轻人离职的直接原因。当然，在他们谈起自己为什么离职的时候，他们会说是因为公司的发展前景不好，或者其他什么原因，不会提到自己的真实情绪感受。

所以，搞清楚你自己真实的情绪感受，这是比较重要的。如果你一直忽视自己的情绪感受，想通过离职彻底解决问题，那这其实是一种逃避，不能解决问题。

15 / 每次工作两个月后就想辞职,这是怎么回事

我每次工作两个月以后,就会非常讨厌上班,每天都想辞职,每小时都觉得很煎熬,腿一直很酸,晚上也很怕睡觉,觉得如果睡觉,自己的时间就变少了,一觉醒来又要开始上班。我每天都会做梦,非常累,我现在只是一个给别人打工的设计师,之前在培训机构做过教小孩子的美术老师,这两份工作都非常让我难受,上班让我觉得自己像被迫上学的孩子一样被控制。现在我的工作内容比较轻松,但是我去医院查出自己有重度抑郁,我真的不懂自己该怎么办。

💡 Jung & Faust（1星优质答主）

因为信息量有限，所以我只能做一些简单的分析（以下分析较为"野蛮"，你需自行判断）。

你说自己"每次工作两个月以后，就会非常讨厌上班，每天都想辞职"，这其实是一种强迫性重复，我猜你曾经被某个人这样创伤过。在你的成长过程中，你的父亲或母亲（或者其他早年客体）是否曾定期缺席，导致你在成年后形成了这种定期离开自己的职责岗位的行为模式呢？他这种行为对你造成的创伤巨大，导致你不断重复这个行为模式，表达对他的忠诚以及对他曾经的这种做法的巨大恐惧。

"这两份工作都非常让我难受，上班让我觉得自己像被迫上学的孩子一样被控制"，这是对早年客体的愤怒以及攻击。上学本身不是一件痛苦并让人感到被控制的事，除非有人躲在"学习"后面对同学们施虐。这些人往往是老师家长，老师也许代表着权威（来自父亲的部分），家长代表着亲密关系（来自母亲的部分），你对上学有如此强烈的厌恶，我猜这是因为你对早年客体（比如你的父母）怀着巨大的愤怒。

分析到这里，"查出重度抑郁"也就不难理解了。东西方的人有个很有趣的差异，就是关于表达对早年客体的愤怒的，西方人通常采用的方式是激发自己的创造力,而东方人表达的方式是患心理疾病。因此,我猜测题主的重度抑郁是对父母的反击,也是压抑的愤怒的一种发泄。

因为信息量有限,所以我无法给出很好的解决方案,重点在于,人际关系的问题还是要从人际关系入手来解决,早年被父母不恰当地对待可以通过在后来的人际关系里被恰当地对待"弥补"。最好的方式是找一个强大的客体,重新陪伴你"长大"一次,这个人可以是你的朋友,可以是你的伴侣,也可以是咨询师。

💡 Levi(5星优质答主)

应该很少有人想上班吧,要是有用不完的钱,我也不想上班。两个月一般是你对新工作的适应期,也是你学习的过程。等你摸透了这份工作的工作内容,你就感觉它没那么新鲜了。渐渐地,你开始厌烦这份工作,讨厌上班,甚至身体不适,每天都想辞职。抱着这样的心态,你感觉不到工作的快乐。你陷入死循环,不断换工作,从来没有满意过。

"晚上也很怕睡觉,觉得如果睡觉,自己的时间就变少了,一觉醒来又要开始上班。"我也有过这种感觉,觉得睡觉有些浪费时间,似乎睡得越晚,自己一天的时间就会越长,所以我经常熬夜,就想着以此延长生命的长度。后来我发现这是不可取的,身体是革命的本钱,长期熬夜对身体伤害太大。

对你而言,熬夜还有一个原因,那就是你害怕醒来又要面对工作,而你不想工作,你没有找到工作的意义。那到底人为什么要工作呢?我觉得主要有三个方面的意义:金钱,梦想,自律。

首先,当然是因为金钱。钱这个话题,非常世俗,但也非常现实,也许目前的你对钱不怎么重视,可越到后面你越会发现,没有钱寸步难行,有这样一句话:钱不是万能的,但没有钱是万万不能的!其次是梦想,这里所说的梦想比较宏观,也可以理解为权力、名誉、人生抱负等,总之就是让自己的人生更有价值。梦想应该算是人们奋斗的终极目标。最后就是自律。对于某些人而言,工作不但不会让他觉得累,反而会让他觉得生活更美好了,工作对他来说不是负担,是一种享受。不觉得工作有多累多苦,而是掌握着自己的生活节奏,享受工作带来的乐趣。

"现在我的工作内容比较轻松,但是我去医院查出自己有重度抑郁,我真的不懂自己该怎么办。"道理大家都懂,但是能做到的没几个。抑郁是一种消极的精神状态,它和你的心态是互相影响的。可以说是因为抑郁所以你畏惧工作,也可以说是因为畏惧工作所以你感到抑郁。如果你无法进行自我调节,建议你去试一试心理咨询,或许你需要一个合适的咨询师。

16 / 天天加班，怎么平衡工作和生活

工作一年了，身处听起来很高大上的行业，一个不大不小的国内公司，工资其实不高，还经常加班到晚上11点，大小周，心好累，也没有时间学习和为以后做打算，感觉不知道怎么平衡工作和生活。

💡 心中有爱（2星优质答主）

我刚开始工作的时候，也经常有这样的苦恼，非常理解你

的感受。下面，我以过来人的身份谈一下自己的看法。

① **刚进入职场，起点还不错**。你应该比较优秀。当初你选择这个工作应该也是经过考虑的，这个工作应该有很多方面比较符合你的要求，并且你为了得到这个工作，也是努力了的。

② **变被动为主动**。经常加班，感觉心累，说明你现在的工作状态比较被动、疲惫。一般来说，当你工作的状态很被动，被工作牵着鼻子走的时候，不管加班与否，你都会越来越觉得没意思。

我换过三份工作，虽然都是教育领域，但是每次我都会在入职之前就开始考虑，我要做什么，想怎么做。因为明确了自己的方向，所以即使工作中有很多临时任务，我也会想着尽快完成，尝试实现自己的想法。如果这个任务我毫无头绪，那说明这是一个学习机会，我会注意领导会让我干什么，并努力干好。哪怕是写个简单的通知，也要认真做，把它当作锻炼自己的机会，如此一来，你的心态就会发生很大变化。

③ **成就感和价值感**。一个人觉得心累、没意思，一个重要原因就是他没有成就感和价值感。我们不能只依赖他人

的肯定来获得成就感和价值感,这两者也取决于我们是否一直在工作中突破自己。今天这个问题我没遇到过,用百度查询了或者请教了别人,这个问题解决了,我今天就感觉没白过。学习不仅指专门找时间坐在书桌前看书,它就发生在我们的日常生活中。

4. **经验累积**。经验是在一件件小事中累积出来的,成功人士也不是一天两天就成功的,我们应该踏踏实实过好每一天。既然选择了这个单位,就把这份工作当作锻炼自己的机会,好好工作,认真学习,积累经验。如果有一天你觉得这个公司已经没有你能学习的了,那这个时候你大概也有能力选择更好的单位了。

祝尽快适应职场生活!

画月不画星(1星精华答主)

你是想找人倾诉,还是想要解决问题呢?

你身处听起来高大上的行业,在一家不大不小的公司,工资也不怎么高,你是因为喜欢才去做这份工作,还是为了生存?

没有时间学习和为以后做打算的工作，或许只能当一个过渡。如果一份工作导致你没有时间学习和为以后做打算，那你在这份工作中所能够学习到的东西也是有限的。如果一家公司没有考虑到员工的学习和进步，那这公司大概率只会压榨员工的现有价值。

你想要平衡工作和生活，指的是怎样的平衡状态呢？你愿意为这种平衡付出什么呢？当你进行思考这些问题的时候，你必然会想如何改变，这也是一种突破。

💡 双人鱼清蒸（3星优质答主）

在你的这段描述中，我似乎看见了初入职场的自己。过了职业"热恋期"，来到"倦怠期"，这是每个人都必经的职场之路，只是"热恋期"和"倦怠期"的时间有长有短，感受的强烈程度略有差别，大家在意的"点"不一样罢了。以我多年做生涯规划的经验来看，恕我直言，至少目前为止你并不清楚自己到底要找什么样的工作，只是一个模糊的比较级，比现在轻松一点，钱再多一点，最好离家再近一点，对吧？

在你的描述中，我看见了你工作的光鲜外在和它的不尽如人意,却未见这份工作给你带来的益处,是你有意忽略掉了,还是你真的没意识到呢?你对于这份工作的评判标准都是以外部环境为参照的,不管是表面看起来的"好"还是背后的"真相",都不该是一个初入职场的新人需要在意的部分,要知道,你的未来有赖于你对待手头工作的态度,和公司本身的美誉度、工资没有太大关系。你对未来的思考和工作之外的学习,都基于你的工作及其带来的经验,如果抛开这些,思考和学习便没有了根基。

第 5 章

互动进阶时间

💡 职业性格测评

在此书中你还可以获得：职业性格测评（非免费）。

常有人问，职场快速成长的秘诀是什么？这很难回答，但其中一个一定是选择，选择往往比努力更重要。大多数人找工作时，往往忽略了自己的性格是否与之匹配，在迷茫中选错赛道，最后变成"不满意现在的工作，却又不知道自己究竟适合什么"，5 年、10 年后，再没有从头再来的机会和勇气。

事实上，找到自己的性格优势，走合适你的路，不但能把个人潜能发挥到极致，且工作本身，就能带给你愉悦感，从而更容易取得更高的成就。

本测评从动力、信息收集、决策方式、生活方式 4 个关键要素，将人的个性划分为 16 种职业性格类型，并从职业性格、职业倾向两方面，评估你的性格优势和劣势，推荐最适合你的工作岗位，并且给出职业发展建议。

扫 码 获 得
职业性格测评

💡 焦虑博物馆分馆

人生答疑馆是面向壹心理所有用户的心理互助和成长问答社区。

这个社区是互助的:每个人都可以在这里发布令自己困惑的问题,也可以帮助他人解惑。

这个社区是公益的:任何人都可以免费发起提问,只要耐心等,总会等到自己满意的答案。

随着人生答疑馆用户的增加,我们听到了"更丰富"的声音:超过83%的高校心理学专业的同学反馈"希望借助人生答疑馆和自己的力量,帮助更多人摆脱心理困境";超过71%的高校心理学专业的老师希望建立自己的心理学小天地,通过知识传播,让更多高校学生意识到"求助并不可耻""求助是安全的、私密的";超过65%的中小型企业希望给员工建立一个"心理安全屋",帮助他们纾解心理压力。

人生答疑馆分馆满足了以上需求,建立了以馆长为核心,向高频兴趣点、关心的话题、居住的社区辐射的心理问答微圈子。这是一个小小的互助社区,是只属于馆长和成员的安全屋,在这里,你的心事有人倾听。

加入心理学互助社区,与有同样情况的小伙伴一起进入安全屋,沟通交流。

扫　码　加　入
焦虑博物馆分馆

> 附录
> 回答这九个问题,
> 就能知道自己是谁

在心理治疗中,治疗师经常会和来访者讨论以下几个问题。能流畅回答出这些问题的人一般是有稳定身份认同的人,也就是一个找到了"我是谁"这个问题的答案的人。

一起好好来认识一下"我是谁""我在哪儿""我想要什么",活得更笃定、更明白吧!

① 请你介绍一下你自己,你是一个什么样的人?

_____
_____
_____
_____
_____

2. 你有什么理想?这个理想是怎么形成的?

3. 你理想的伴侣关系是怎样的?你在这个伴侣关系中扮演什么样的角色,承担什么责任?

④ 你理想的事业是什么,你正在做的工作符合你的事业理想吗?这份工作对你的意义是什么?

_____
_____
_____
_____
_____

⑤ 你怎么看待亲子关系?对你来说,一个理想的父亲 / 母亲是什么样的,你期望自己成为这样一个理想的父亲 / 母亲吗?

_____
_____
_____
_____
_____

⑥ 你怎么看待钱?你认为赚到多少钱是足够的?如果你明天一早醒来,已经有足够的钱,你将如何安排自己接下来的生活?

_____
_____
_____
_____
_____

⑦ 对你来说,理想的性生活是什么样的?你理想的性道德是怎样的?在你的性道德观中,什么样的性生活是禁忌的、需要避免的,什么样的性生活是美好的,需要得到鼓励和发展的?

_____
_____
_____
_____
_____

8 你的择友标准是什么?你愿意和什么样的人交往,拒绝和什么样的人交往?

9 你怎么看待死亡?你希望自己活到多少岁?你准备怎么度过从现在到死亡的这段时间?如果你要立遗嘱,这份遗嘱会怎么写?

发现一个更美好的自己

高效能人士必修

书号	书名	定价	作者
978-7-111-59836-7	超强说服力文案	30.00	[美] 哈利·米尔斯
978-7-111-44400-8	如何高效学习	35.00	[加] 斯科特·扬
978-7-111-52920-0	在办公室外思考：活用另外 8 小时，做自由空间里的高产者	25.00	[加] 斯科特·扬
978-7-111-52919-4	如何改变习惯：手把手教你用 30 天计划法改变 95% 的习惯	25.00	[加] 斯科特·扬
978-7-111-52094-8	超效率手册：99 个史上更全面的时间管理技巧	25.00	[加] 斯科特·扬
978-7-111-42924-1	每天学点时间整理术	29.00	[美] 马克·伍兹

性格解码

书号	书名	定价	作者
978-7-111-60198-2	内向者的天赋	49.00	[德] 多丽丝·迈尔亭
978-7-111-57505-4	爱的性格：内向者和外向者的亲密之道	45.00	[美] 马蒂·奥尔森·兰尼
978-7-111-58676-0	羞耻感	49.00	[美] 罗纳德·波特-埃夫隆
978-7-111-58415-5	语言风格的秘密：语言如何透露人们的性格、情感和社交关系	69.00	[美] 詹姆斯·彭尼贝克
978-7-111-53424-2	为什么受伤的总是聪明人	39.00	[美] 埃里克·麦瑟尔
978-7-111-53964-3	人格心理学：全面科学的人性思考（原书第10版）	65.00	[美] 杜安·舒尔茨